A LA MÉMOIRE DE MON PÈRE ET DE MA MÈRE.

ACTE PUBLIC

POUR

LA LICENCE

En Exécution de l'Art. 4, Titre 2, de la loi du 22 Ventôse an XII,

SOUTENU

JUS ROMANUM.

INST. LIB. III, TIT. XXV.

De Societate.

Societas est contractus de conferendis bona fide rebus aut operis, animo lucri quod honestum sit ac licitum in commune faciendi.

Societates contrahuntur, sive universorum bonorum, sive universorum quæ ex quæstu veniunt, sive negotiationis alicujus, sive vectigalis, sive rei unius.

In societate universorum bonorum, bona omnia præsentia continuo

1846

communicantur, actiones invicem cedendæ , quæ postea veniunt , in commune redigenda.

In societate universorum quæ ex quæstu veniunt bona præsentia coeuntium non conferuntur, sed quæstus qui ex opera cujusque descendit, id est, ex emptione-venditione , locatione-conductione, aut ex causa artificii ; sed non ex hæreditate, legato, donatione.

Hæc societas contrahi intelligitur , cum simpliciter societas contrahitur.

Societati alicujus negotiationis acquiritur omnis quæstus qui ex illa negotiatione proficiscitur, non autem is quem aliunde socii faciunt.

Societas vectigalis non differt a præcedenti , nisi ut morte unius e sociis non solvatur , sed duret inter superstites , quid etiam ut si ab initio ita convenerit, hæres defuncti in societatem succedat.

In societate unius rei illud, demum, lucrum damnum ve conferendum est, quod propter illam rem contingit.

Traditur generaliter, rerum inhonestarum nullam esse societatem.

De partibus damni et lucri.

Si nihil nominatim convenerit, partes et in lucro et in damno æquales sunt pro numero sociorum, considerato eo quod quisque contulit. Si expressæ fuerint, servari debent. Hæc conventio ut ad unum duæ partes tam damni quam lucri pertineant, ad alterum tertia , propter analogiam inæqualitatis partium in damno et lucro recepta est ; quoniam incertum est lucrum aut damnum ex communi negatiatione proventurum sit.

Hæc conventio ut unus lucri partes duas, damni unam tantum, alter duas damni, tertiam lucri ferat, a Justiniano admissa est , quia sæpe quorumdam ita pretiosa est opera, ut eos conditione meliore in societate admitti justum sit. Etiam societas contrahi potest, uno pecuniam, altero operam conferente et tamen lucrum inter eos commune sit ; quia sæpe opera alicujus pro pecunia Valet. Potest adhuc conveniri ut sociorum aliquis lucri fit particeps, immunis damni ; id pro lucro reputatur, quod deducto omni damno atque impensis superest. Societas ut unus lucrum tantum, et alter damnum aut damni partem sine lucro coiri non potest, talis societas veteribus leonina dicitur ex apologo Æsopi.

Si partes in causa lucri aut damni expressæ fuerint, eædem in causa omissa tacite definitæ intelliguntur ; ratio hujus juris est, quod id quod generaliter dispositum est in uno correlativorum, etiam dispositum in altero censeatur.

Quibus modis societas solvitur.

Societas solvitur renuntiatione, aut morte, aut fine negotii, aut publicatione, aut cessione bonorum.

Societas durat quousque donec in eodem consensu perseveraverit. Hoc in contractu societatis jure singulari receptum est contra regulas communes de dissolvendis obligationibus ; primum quia socii officium invicem præstant et accipiunt ; deinde quia non bene convenit aliquem invitum retinere in communione. Renuntiatio insidiosa et callide facta socios a renuntiante liberat, sed non renuntiantem a sociis. Item si facta sit intempestive, id est sine justa causa, aut ante tempus conventum, aut eo tempore quo interfuit socios non dirimi societatem.

Si plures quam duo, societatem coierint, et unus tantum ex his mortuus sit, tota societas dissolvitur, non tantum quoad personam hæredis defuncti, sed ita ut, nec qui supersunt societati obligentur quia qui societatem contrahit certam personam sibi eligit. Si in contractu sacietatis aliter convenerit, inter superstites societas manet. Sed ab initio pacisci non potest ut hæres succedat in societatem, nam tale pactum naturæ societatis repugnat ut quis invitus socius efficiatur. Exceptæ sunt tamen societates vectigalium.

Societas certæ alicujus negociationis contracta, fine negotii extinguitur, item, si ad certum tempus inita sit, exacto tempore ea expirat.

Item societas solvitur publicatione; id est maxima et media capitis diminutione, quoniam is cujus post damnationem fiscus bona sublata occupat, jure civili pro mortuo habetur.

Postremo, si socius ære alieno oppressus bonis suis creditoribus cesserit et ad manifestam egestatem pervenerit societas solvitur. Tamen nihil prohibet, cum socio, qui bonis cessit, renovare societatem.

De actione pro socio.

Socii inter se non tantum dolum, sicut depositarius, verum etiam culpam seu desidiam ac negligentiam præstare debent. Tamen exactissima diligentia quam frugi patres-familias adhibere solent, non exigenda est, sed qua ipse socius in rebus suis utitur; nam is qui parum negligentem socium sibi adscivit de se quæri, suæque id facilitati atque incuriæ imputare debet quod hujus hominis ex societate non excesserit.

CODE CIVIL.

Livre III. — Titre II.

De la preuve des obligations, et de celles du paiement.

La loi consacre un principe général par lequel celui qui réclame l'exécution d'une obligation doit la prouver, *onus probandi incumbit actori*, et celui qui se prétend libéré doit prouver le paiement ou le fait qui en a produit l'extinction, *reus in excipiendo fit actor*. De même, celui qui veut opposer une exception, doit prouver qu'elle est fondée : *nam reus in exceptione actor est*,

Prouver en droit civil c'est établir la vérité par des moyens légaux. Ces moyens sont : les écrits, le témoignage des hommes, les présomptions, l'aveu de la partie, le serment.

De la preuve littérale.

La preuve littérale résulte des titres ou écrits, *litteris constat*. Ces titres sont ou authentiques ou sous seing privé, originaux ou copies, primordiaux ou récognitifs.

Du titre authentique.

L'acte authentique est celui qui a été reçu par officiers publics ayant le droit d'instrumenter dans le lieu où l'acte a été rédigé , et avec les solennités requises (art. 1317). On distingue quatre espèces d'actes authentiques : les actes législatifs, les actes judiciaires, les actes administratifs, les actes notariés. Ces derniers sont les seuls qui doivent m'occuper.

Lorsque l'acte authentique réunit toutes les conditions exigées pour sa validité, c'est-à-dire, l'intervention d'un officier public compétent et capable, et l'observation des formalités prescrites par la loi du 25 ventôse an XI qui régit le notariat, il fait pleine foi par lui-même, entre les parties, leurs héritiers ou ayant cause, non seulement de la convention c'est-à-dire des faits dont le notaire a pu s'assurer et qu'il déclare avoir vus ou entendus, *quorum notitiam et scientiam habet, visus et auditus;* mais encore des énonciations et déclarations des parties, pourvu qu'elles aient un rapport direct avec la disposition ; dans le cas contraire elles ne peuvent servir que de commencement de preuve par écrit (art. 1320).

L'acte authentique prouve aussi, vis-à-vis des tiers, le fait de la convention ; non qu'il puisse les obliger, mais en ce sens qu'il en établit l'existence. Quant aux énonciations, elles ne peuvent même fournir contre eux un commencement de preuve, car, d'après l'art. 1347, un commencement de preuve ne peut émaner que de celui contre lequel la demande est formée.

Sous l'empire de l'ancienne jurisprudence, l'exécution de l'acte authentique ne pouvait être suspendue qu'après le jugement définitif sur l'inscription de faux dirigé contre lui. Le législateur moderne, voulant concilier la foi due à l'acte authentique avec l'intérêt des parties, a tempéré cette jurisprudence par l'art. 1319 ainsi conçu : néanmoins, en cas de plainte en faux principal, l'exécution de l'acte argué de faux sera suspendu par la mise en accusation ; et en cas d'inscription de faux faite incidemment, les tribunaux pourront, suivant les circonstances, suspendre provisoirement l'exécution de l'acte.

L'acte authentique peut toujours être attaqué pour cause de dol, de fraude ou de violence ; mais son exécution ne saurait être arrêtée par une action en nullité ou en rescision.

L'acte qui n'est pas authentique par l'incompétence ou l'incapacité de l'officier ou par l'absence d'une des conditions exigées pour sa validité, vaut néanmoins comme écriture privée s'il a été signé des parties, (art. 1348). Cet acte vaut même plus, à quelques égards, qu'un acte sous seing privé ; car il échappe aux formalités, prescrites par les art. 1325 et 1326. Cette disposition ne s'applique évidemment qu'aux actes qui peuvent valoir faits sous seing privé comme authentiques, la vente, par exemple, et non à ceux dont l'authenticité est essentielle comme les actes de donations, les contrats de mariage, les conventions d'hypothèques. Si la signature des parties venait à manquer, l'acte vaudrait comme commencement de preuve.

Les contre-lettres sont des actes authentiques ou sous seing privé, destinés à rester secrets et qui annulent ou modifient un acte ostensible. L'art. 1324, contrairement à la loi du 22 frimaire an VII, les déclare valables, à l'égard des parties, mais maintient la nullité vis-à-vis des tiers.

De l'acte sous seing privé.

L'acte sous seing privé est celui qui a été signé par les parties, ou au moins par celle qui s'est obligée et qui pour son existence et sa validité n'est soumis à aucune formalité, sauf les cas prévus par les art. 1326 et 1327.

L'acte sous seing privé, à la différence de l'acte authentique ne fait foi qu'autant que celui auquel on l'oppose l'a reconnu ou qu'il a été légalement tenu pour reconnu. S'il est opposé à l'un des contractans, celui-ci est tenu d'avouer ou désavouer formellement sa signature ; son silence ou toutes défenses présentées avant le désaveu, équivaudraient a une reconnaissance; si au contraire, il est opposé aux héritiers ou ayant cause du contractant, ceux-ci peuvent se contenter de déclarer qu'ils ne reconnaissent pas la signature de leur auteur. Si la signature est désavouée ou méconnue, la vérification doit en être faite en justice, dans les formes prescrites par les art. 93 et suivants, du C. de P.

Il résulte de ce qui précède, que l'acte sous seing privé ne fait pas foi par lui-même ; et que c'est au demandeur à prouver qu'il émane de la partie à laquelle il l'oppose, tandis que l'acte authentique fait foi par lui-même, et que c'est à celui qui s'inscrit en faux à en prouver la fausseté.

L'acte sous seing privé reconnu, ou légalement tenu pour reconnu, a entre ceux qui l'ont souscrit et entre leurs héritiers ou ayant cause, la même foi que l'acte authentique (art. 1322) et cela à partir de sa date. Il fait également foi contre les tiers du jour où il a acquis date certaine, soit par l'enregistrement, soit par la mort de l'un des signataires, soit parce que leur substance a été constatée dans des actes dressés par des officiers publics, tels que procès-verbaux de scellé ou d'inventaire, (art. 1328). Les dispositions de cet article ne s'appliquent pas aux actes de commerce.

Les parties devant être placées dans une égalité de position qui permette à chacune de faire valoir ses droits, l'art. 1325 dispose : l'acte sous seing privé qui contient des conventions synallagmatiques n'est valable qu'autant qu'il a été fait en autant d'originaux qu'il y a de parties ayant un intérêt distinct ; et comme il serait facile à l'un des contractans d'éluder l'obligation en détruisant son original, le même art. exige que chaque original fasse mention du nombre d'originaux qui ont été faits. L'absence des formalités, dont nous venons de parler, n'entraine pas la nullité de la convention, qui peut être prouvée par tout autre moyen légal; mais seulement la nullité de l'acte qui vaut encore comme commencement de preuve par écrit. Cette nullité peut d'ailleurs être couverte par le dépôt de l'original chez un notaire pour servir de minute. La partie qui a exécuté la convention n'est plus admise à se prévaloir de cette nullité. L'acte, contenant des conventions synallagmatiques, doit toujours être accompagné de ces formalités, lors même qu'il aurait la forme d'un acte unilatéral.

Pour prévenir les surprises qui pourraient se commettre, soit par l'abus d'un blanc seing, soit en portant sur le corps de l'acte une somme ou valeur supérieure à celle pour laquelle le souscripteur entend s'engager, la loi a soumis quelques actes unilatéraux aux formalités suivantes exprimées part l'art. 1326. Le billet ou la promesse sous seing privé par lequel une seule partie s'engage envers l'autre à lui payer une somme d'argent ou une chose appréciable , doit être écrit tout entier de la main de celui qui le souscrit; ou du moins il faut que, outre sa signature, il ait écrit de sa main un bon ou un approuvé portant en toutes lettres la somme ou la quantité de la chose. S'il y avait plusieurs souscripteurs d'un même billet ou promesse, ils devraient tous se conformer à ces prescriptions. Les dispositions de cet article embrassent toutes sortes de billets ou promesses quelle que soit la cause de la dette, pourvu qu'ils ayent pour objet des sommes d'argent ou autres choses fongibles. L'absence de ces formalités annule l'acte, qui peut néanmoins servir à faire admettre la preuve testimoniale. Cel-

qui a exécuté la convention n'est plus admis à en demander la nullité.

Les commerçants, artisans, labourreurs, vignerons, gens de journée et de service, sont dispensés de cette formalité. La célérité indispensable au commerce et l'ignorance présumée des artisans, laboureurs, etc, justifient cette exception.

L'art. 1327, faisant l'application des principes généraux du droit qui veulent que , dans le doute, la convention s'interprète en faveur du débiteur, dispose que dans le cas où la somme portée dans l'acte ne serait pas la même que celle écrite dans le bon ou approuvé, l'obligation soit présumée être de la somme la plus faible, lors même que l'acte ou le bon ou approuvé seraient écrits en entier de la main de celui qui s'est obligé, à moins qu'on ne prouve de quel côté est l'erreur.

Les livres des commerçants, les registres et papiers domestiques, l'écriture mise par le créancier au dos ou en marge d'un titre pour constater une libération, produisent certains effets, quoique non signés des parties.

Les livres des marchands font foi pleine et entière contre ceux qui les ont faits ou fait faire ; mais celui qui veut en tirer avantage ne peut les diviser contre eux s'ils sont régulièrement tenus (art. 1330). Ils ne sauraient établir aucune preuve contre les personnes non marchandes, par application du principe que nul ne peut se créer un titre à lui-même. Cependant lorsqu'ils sont régulièrement tenus, ils établissent une présomption suffisante pour que le juge puisse déférer le serment (art. 1329). Si le non commerçant avait demandé la représentation des livres, ils feraient pleine et entière foi contre lui.

Les mêmes règles ne sont pas applicables au cas où l'on veut s'en servir contre un commerçant ; l'article 12 du code de commerce dit en effet, que les livres de commerce régulièrement tenus peuvent être admis par le juge pour faire preuve entre commerçants pour faits de commerce. Dans tous les cas où on offrirait à un commerçant de s'en rapporter à ses livres, il sera obligé de les présenter ; s'il refuse, le juge peut déférer le serment à la partie adverse.

Les registres et papiers domestiques ne sont point un titre pour celui qui les a écrits, toujours en vertu du principe , que nul ne peut se

faire un titre à lui-même. Au contraire, ils font preuve contre lui :
1° Dans tous les cas où ils énoncent formellement un paiement reçu ;
2° lorsqu'ils contiennent la mention expresse que la note a été faite
pour suppléer le défaut de titre en faveur de celui au profit duquel
ils énnoncent une obligation (art. 1334). Dans le cas où toutes les
formalités exigées n'auraient pas été remplies, ces écrits servent de
commencement de preuve.

Les registres constatant un paiement reçu, font preuve quoique l'é-
criture soit barrée ou biffée. Si c'était la note qui eût été barrée, elle
ne produirait aucun effet, sa radiation faisant présumer la libération.

L'écriture mise par le créancier à la suite, au dos ou en marge d'un
titre qui est toujours resté en sa possession, fait foi, quoique non
signée ni datée par lui, lorsqu'elle tend à établir la libération du
débiteur. Il en est de même de l'écriture mise par le créancier au dos,
ou en marge, ou à la suite du double d'un titre ou d'une quittance,
pourvu que ce titre soit entre les mains du débiteur (art. 1332).

Des Tailles.

On appelle taille les d'eux parties d'un morceau de bois fendu en deux,
dont deux personnes se servent pour marquer la quantité de fournitures
que l'une fait journellement à l'autre. Chacune d'elles a une partie de ce
bois ; celle qui est entre les mains du fournisseur s'appelle proprement
taille ; l'autre se nomme échantillon. Les fournitures se constatent par des
incisions faites transversalement sur les deux parties réunies.

Ces tailles tiennent lieu d'écritures et font une espèce de preuve littérale de la quantité des marchandises fournies lorsqu'elles sont corré-
latives à leurs échantillons (art. 1333).

Si le débiteur nie l'existence de l'échantillon, le fournisseur
peut en prouver l'existence même par témoins. Si le fait des fournitures est nié par le défendeur, la taille ne prouve rien.

Des Copies des titres.

Les copies, lorsque le titre original existe, ne font foi que de ce qui est contenu au titre dont la représentation peut toujours être exigée (art. (1334).

D'après les dispositions de l'art. 1335 , lorsque le titre original n'existe plus, les grosses ou premières expéditions font la même foi que l'original , il en est de même des copies qui ont été tirées par l'autorité du juge, parties présentes et dûment appelées, ou de celles qui ont été tirées en présence des parties et de leur consentement réciproque. Ces premières expéditions sont revêtues de la forme exécutoire. Chacune des parties intéressées peut exiger une première grosse ; une ordonnance du président du tribunal est nécessaire pour qu'elles en obtiennent une autre.

Les copies qui , sans l'autorsité du juge, ou sans le consentement des parties', et depuis la délivrance des grosses ou premières expéditions , auront été tirées sur la minute de l'acte par le notaire qui l'a reçu ou par l'un de ses sucesseurs, ou par officiers publics, qui, en cette qualité, sont dépositaires des minutes, peuvent en cas de perte de l'original faire foi quand elles sont anciennes. Elles sont considérées comme anciennes, lorsqu'elles ont plus de trente ans : *In antiquis enutiativa probant.* Si elles ont moins de trente ans , elles ne peuvent servir que de commencement de preuve par écrit. Enfin , les copies tirées sur la minute d'un acte par un autre que le notaire qui la reçu , ou que l'un de ses successeurs, ou que les officiers publics, quelle que soit l'ancienneté de ces copies ne peuvent servir que de commencement de peuve par écrit. Les copies des copies peuvent, suivant les circonstances, être considérées comme simples renseignements.

Pour que la transcription d'un acte sur les régistres publics puisse servir de commencement de preuve par écrit, l'art. 1336 exige le concours de deux circonstances : 1° Qu'il soit constant que toutes les minutes du notaire , de l'année dans laquelle l'acte paraît avoir été fait, soient perdues , ou que l'on prouve que la perte de la minute de cet acte a été faite par un accident particulier ; 2° Qu'il existe un répertoire en règle du notaire , qui constate que l'acte a été fait à la même date. Lorsqu'au moyen de ce concours la preuve par témoins est admise, le même art. exige encore que ceux qui ont été témoins de l'acte, s'ils existent , soient entendu.

Des auteurs ont pensé que l'inscription des actes authentiques sur les registres du receveur de l'enregistrement, du conservateur des hypothèques, etc., pouvait servir de commencement de preuve par écrit. Comme ce n'est que par exception qu'un écrit, non émané de la partie, peut servir contre elle de commencement de preuve; nous pensons qu'il faudrait, pour qu'il en fût ainsi, une disposition particulière qui n'existe pas.

Des actes récognitifs et confirmatifs.

Le titre primondial, comme le nom l'indique, est le titre premier qui a été passé entre parties et qui constate une obligation ; l'acte récognitif est celui par lequel le débiteur reconnaît une obligation préexistante constactée par un titre primordial.

Les actes récognitifs dans lesquels la teneur du titre primordial n'est pas spécialement relatée, servent seulement à confirmer le titre primordial et à interrompre la prescription, mais ils n'en prouvent pas l'existence et ne dispensent pas le créancier de le rapporter. Si cependant il existait plusieurs reconnaissances soutenues par la possession et dont l'une fut ancienne, le créancier pourrait être dispensé de rapporter le titre primordial. Les actes récognitifs sont relatifs au titre primordial, donc ce qu'ils contiennent de plus ou de différent au titre primordial, ne peut avoir aucun effet.

Lorsqu'on veut confirmer ou ratifier un acte, dont la nullité ou la rescision pourrait être prononcée, il faut que l'acte par lequel on confirme ou on ratifie, fasse connaître d'une manière certaine celui qui est confirmé ou ratifié, en même temps que la volonté de faire disparaître le vice dont il est entaché. Cette preuve ne peut être complète qu'autant qu'on trouvera dans l'acte de comfirmation ou de ratification, la substance de l'acte primitif, la mention de la nullité et l'intention de la réparer. A défaut d'acte de confirmation ou de ratification, il suffit que l'obligation soit volontairement exécutée après l'époque à laquelle l'obligation pourrait être valablement confirmée ou ratifiée (art. 1338).

Il est des vices qui ne sauraient être réparés par ce moyen; ce sont les vices de forme dans un acte de donation entre vifs. Ces vices entrainent nécessairement la nullité de l'acte d'après l'art. 1339.

Les héritiers ou ayant cause du donateur ne peuvent pendant sa vie renoncer à opposer les vices de forme que contient l'acte de donation: leur droit n'est pas ouvert, et la loi prohibe les conventions sur une succession non échue. Mais, si après la mort du donateur, ils confirment, ratifient ou exécutent volontairement la donation, ils renoncent par cela même à opposer, soit les vices de forme, soit toute autre exception.

De la preuve testimoniale.

Quatre principes généraux décident les cas, dans lesquels la preuve testimoniale doit être admise ou rejetée. Ces principes sont :

1° Celui qui a pu se procurer une preuve littérale, n'est pas admis à faire preuve testimoniale, lorsque sa demande excède cent cinquante francs, s'il n'a un commencement de preuve par écrit.

On appelle ainsi tout acte émané de celui contre lequel la demande est formée, ou de celui qu'il représente et qui rend vraisemblable le fait allégué.

2° La preuve testimoniale n'est pas admise contre un écrit, ni outre ce qui y est contenu.

Ce principe s'applique à tout ce qui pourrait être allégué avoir été dit avant, lors ou depuis la confection de l'acte, lors même qu'il s'agirait d'une somme ou valeur moindre de cent cinquante francs.

3° Celui qui n'a pu se procurer une preuve littérale doit être admis à la preuve testimoniale, à quelque somme que puisse monter l'objet de l'obligation dont il réclame l'exécution.

4° Enfin, celui qui a perdu la preuve littérale par un cas fortuit, imprévu résultant d'une force majeure, doit être admis à la preuve testimoniale.

Ceci s'applique également au débiteur qui, dans les mêmes circonstances, aurait perdu la preuve de sa libération.

Des présomptions.

Les présomptions sont des conséquences que la loi, ou le magistrat tire d'un fait connu à un fait inconnu (art. 1349). Elles se divisent, par conséquent en présomptions légales et en présomptions abandonnées aux lumières des magistrats.

Des présomptions établies par la loi.

La loi établit des présomptions en faveur de certains actes et de certains faits. Ces présomptions font foi et dispensent de toute preuve, celui au profit duquel elles existent.

Les présomptions légales se divisent en présomptions *juris et de jure* et en présomptions *juris tantum* ; les premières excluent toute preuve contraire, *lex habet eas pro veritate*, telle est celle établie par l'art. 1282. La preuve contraire est admise contre les secondes, comme dans le cas de l'art. 1283.

L'autorité de la chose jugée est une présomption *juris et de jure* fondée sur la maxime d'ordre public, *res judicata pro veritate habetur*. Mais pour que cette présomption ait lieu, il faut que la chose demandée, soit la même ; que la demande soit fondée sur la même cause ; que la demande soit entre les mêmes parties et formée par elles et contre elles en la même qualité.

Des présomptions non établies par la loi.

Ces présomptions, appelées humaines, par opposition aux présomptions légales, sont livrées à l'appréciation du magistrat, qui est souverain à cet égard. Seules et par elles mêmes elles ne sauraient constituer une preuve ; un jugement qui ne reposerait que sur une de ces présomptions pourrait donner ouverture à cassation. Elles ne peuvent être reçues, si elles ne sont graves, précises et concordantes et dans les cas seulement où la loi admet la preuve testimoniale, ou lorsque l'acte quelle que fut d'ailleurs la valeur du litige est attaqué pour cause de fraude ou de dol. Il serait presque impossible, en effet, de trouver dans ce dernier cas des preuves écrites.

De l'aveu de la partie.

L'aveu qui est opposé à une partie, est ou extrajudiciaire, ou judiciaire (art. 1354).

L'aveu extrajudiciaire purement verbal ne saurait être invoqué lors-qu'il s'agit d'une demande dont la preuve testimoniale n'est pas admise.

L'aveu judiciaire est la confession que fait en justice la partie ou son fondé de pouvoir spécial. Si cette confession émane d'une per-sonne capable d'ester en jugement, elle fait pleine foi du fait qui est avoué et dispense l'autre partie d'en faire la preuve. Les affaires qui intéressent l'ordre public font exception à la règle. L'aveu judiciaire ne peut jamais être scindé, on ne peut l'invoquer qu'en le prenant tel qu'il est et en son entier : *Si quis confessionem adversarii allegat, dic-tum cum sua quantitate approbare tenetur.* Il ne peut être révoqué que par la preuve d'une erreur de fait ; l'allégation d'une erreur de droit serait regardée comme un prétexte, *nemo censetur ignorare legem.*

Du serment.

L'art 1357 , distingue deux espèces de serment : 1° Le serment qu'une partie défère à l'autre pour en faire dépendre la décision de la cause, et qui est appellé pour cette raison, serment décisoire ; 2° le serment que le juge défère de son autorité privée à l'une ou à l'autre des parties.

Du serment décisoire.

Le serment décisoire peut être déféré dans toute sorte de contesta-tion, et dans quelque espèce d'instance civile que ce soit : sur le pos-sessoire comme sur le pétitoire, dans les causes sur une action per-sonnelle, comme dans celles sur une action réelle et enfin sur une par-tie, un objet spécial du procès comme sur le tout. Il ne peut être dé-féré que sur ce qui est du propre fait de la partie à qui on le défére. Il importe peu que celui-ci ait agi pour son propre compte, ou comme en mandataire ou tuteur : ainsi il ne peut être déféré aux héritiers sur le fait lui-même, mais seulement sur la connaissance qu'ils peuvent en avoir. Il peut être déféré en tout état de cause en cause d'appel comme en première instance, et encore qu'il n'existe aucun commencement de preuve de la demande ou de l'exception sur laquelle il est fondé : *aliis omnibus probationibus deficientibus.*

La décision de la contestation et du droit des parties étant subor-

.donnée au serment décisoire, il n'y a que ceux qui ont la disposition de leurs droits qui puissent le déférer. Celui à qui le serment est déféré doit le faire ou le référer à son adversaire sous peine de perdre sa cause. Si le fait sur lequel le serment est déféré est personnel à celui à qui il a été déféré, ce dernier ne peut le référer et est tenu de le faire sous la même peine.

Lorsque le serment déféré ou référé est fait, il en résulte une présomption *juris et de jure* du fait affirmé, contre laquelle aucune preuve contraire ne peut prévaloir (art. 1363). Cette disposition ne comprend que les intérêts privés, et ne fait nul obstacle aux poursuites que le ministère public peut intenter, conformément à l'article 366 du code pénal. Il est hors de doute que la partie peut, après la condamnation prononcée sur les poursuites du ministère public, être indemnisée du préjudice que le faux serment lui aurait fait éprouver.

Comme la convention ne se forme et ne produit d'obligation que par le concours des volontés des deux parties, celui qui a déféré ou référé le serment peut se rétracter, tant que son adversaire n'a pas accepté en déclarant qu'il était prêt à le faire.

Le serment décisoire ne peut avoir d'effet que vis-à-vis de celui qui l'a déféré, vis-à-vis de ses hétitiers et ayant cause; mais nullement vis-à-vis des tiers : *Jusjurandum alteri nec nocet, nec prodest.* Néanmoins le serment déféré par l'un des créanciers solidaires au débiteur, ne libère celui-ci que pour la part de ce créancier. Le serment déféré au débiteur principal, libère les cautions; celui déféré à l'un des débiteurs solidaires, profite au codébiteur, et celui déféré à la caution, profite au débiteur principal. Dans ces deux derniers cas, le serment du codébiteur solidaire ou de la caution, ne profite aux autres codébiteurs ou au débiteur principal, que lorsqu'il a été déféré sur la dette, et non sur le fait de la solidarité ou du cautionnement (art. 1365).

Du serment déféré d'office.

Le juge peut déférer le serment à l'une des parties, ou pour en faire dépendre la décision de la cause, ou seulement pour déterminer le montant de la condamnation. Le premier est appelé serment supplétoire, *juramentum suppletorium ;* le second, *juramentum in litem.*

Pour qu'il y ait lieu au serment supplétoire, il faut que la demande ou les exceptions ne soient pas pleinement justifiées, et qu'elles ne soient pas totalement dénuées de preuves; dans le cas contraire, le juge doit condamner ou renvoyer le défendeur sans avoir recours au serment.

Quoique en première instance la cause ait été décidée par le serment déféré d'office à l'une des parties, rien ne s'oppose à ce que le juge d'appel le défère à l'autre partie.

Comme le serment décisoire, le serment supplétoire ne peut être déféré que sur un fait personnel ou du moins à la connaissance de la partie; mais à la différence du serment décisoire, il ne peut être déféré aux héritiers.

Le serment déféré d'office à l'une des parties, ne peut être par elle référé à l'autre.

Il y a lieu au serment *in litem*, toutes les fois que la demande en restitution de certaines choses est pleinement justifiée; et qu'il n'y a d'incertitude que sur la somme à laquelle le défendeur doit être condamné, faute de faire la restitution des choses demandées, dont la valeur n'est connue que du demandeur. Le juge, en ce cas, est obligé de s'en rapporter à l'estimation vraie que le demandeur doit faire, après avoir préalablement prêté serment. Le juge doit même limiter la somme jusqu'à concurrence de laquelle le demandeur en sera crû sur son serment. Quand même le juge aurait négligé de le faire, il ne serait pas obligé de s'en rapporter absolument à l'estimation du demandeur : *Et si juratum fuerit, licet judici absolvere vel minoris condemnare.*

CODE DE PROCÉDURE.

Des demandes en distraction d'objets saisis mobilièrement.

Celui, porte l'art. 608, qui se prétend propriétaire des objets saisis ou de partie d'iceux, pourra s'opposer à la vente par exploit signifié au gardien, et dénoncé au saisissant et au saisi, contenant assignation libellée et l'énonciation des preuves de propriété, à peine de nullité. Il y sera statué par le tribunal du lieu de la saisie comme en matière sommaire. Le réclamant qui succombera sera condamné, s'il y échet, aux demmages et intérêts du saisissant.

Le tiers qui se prétend propriétaire des objets compris dans une saisie faite sans réclamation, ne peut plus se pourvoir en référé qu'en cas d'urgence bien justifiée; la demande en distraction est la seule voie qui lui soit ouverte. La loi exige que l'opposant engage immédiatement l'instance au moyen d'une assignation libellée, et qu'il énonce les titres de propriété sur lesquels il fonde ses prétentions. D'après l'art. 29 du tarif qui a rectifié la rédaction vicieuse et amphibologique de l'art. 608, c'est seulement le saisissant et le saisi qu'il faut assigner; quant au gardien, il suffit de lui dénoncer l'exploit afin qu'il ne permette l'enlèvement ou la vente des objets saisis, qu'après qu'il aura été statué sur la demande en revendication.

Si la demande est formée selon les prescriptions de la loi, elle arrête la vente; dans le cas contraire, elle doit être déclarée nulle. Le tiers conserve toujours le droit de former une seconde demande plus régulière ou de faire valoir ses droits sur le prix. L'art 608 prononce une nullité, mais non une déchéance.

Si la demande en distraction est rejetée et qu'il y ait appel, il faut se conformer à la règle ordinaire, et surseoir à la vente jusqu'après le jugement de l'appel.

Si les meubles sont indivis entre le débiteur et le tiers, cela n'empêchera pas la vente de la portion appartenant au débiteur.

Tant que la vente n'a pas été faite, le tiers-propriétaire a le droit de faire son opposition.

Des demandes en distraction d'objets saisis immobilièrement.

Quand la saisie frappe sur des biens qui n'appartiennent pas au débiteur, le véritable propriétaire n'est pas déchu de ses droits par l'adjudication, puisque, d'après l'art. 731, l'adjudication ne transmet que les droits qu'avait le saisi ; néanmoins, pour éviter les lenteurs d'un procès ordinaire au pétitoire, seule voie qui lui serait alors ouverte pour évincer l'adjudicataire, le propriétaire a intérêt, à revendiquer ses biens avant l'adjudication. C'est l'objet de la demande en distraction.

La demande doit être formée tant contre le saisissant que contre la partie saisie ; elle doit l'être aussi contre le créancier premier inscrit et au domicile élu dans l'inscription (art. 727). Si le poursuivant est en même temps le premier créancier inscrit, il est à propos, malgré le silence de la loi, d'appeler le second créancier inscrit.

La demande en distraction doit être formée par acte d'avoué à avoué, et si la partie n'a pas d'avoué en cause, par exploit d'ajournement. Dans ce dernier cas, le délai prescrit pour la comparution sera augmenté d'un jour par cinq myriamètres de distance entre le domicile de la partie et le lieu où siége le tribunal ; ce délai ne sera pas augmenté à l'égard de la partie qui serait domiciliée hors du territoire continental du royaume. La demande doit contenir l'énunciation des titres justificatifs, qui seront déposés au greffe, et la copie de l'acte de ce dépôt (art. 728). Si la demande repose sur la prescription, il suffit d'alléguer et d'offrir la preuve de la possession trentenaire.

Le tiers qui a sur l'immeuble saisi un droit de servitude personnelle ou réelle peut former ce qu'on appelait autrefois une demande *à fin de charges*, c'est-à-dire intervenir pour faire constater son droit ; il doit alors suivre les formalités établies pour les demandes en distraction proprement dites. Si le tiers a la possession actuelle de la servitude, sa demande à fin de charges ou en distraction serait superflue et ne serait pas recevable, parce que dans le cas où cette possession serait troublée, il pourrait se pourvoir au possessoire devant le tribunal de paix.

Quand la demande en distraction s'étend à tous les biens saisis, il doit être sursis à l'adjudication jusqu'à ce qu'elle ait été jugée, et si le jugement qui intervient rejette la demande, il faut, pour pouvoir passer outre à l'adjudication, que ce jugement ait acquis force de chose jugée, ou soit confirmé sur l'appel. Si, au contraire, la demande n'a trait qu'à une partie des biens saisis, il sera, porte l'art. 729, passé outre à la vente du surplus des objets saisis. Pourront, néanmoins, ajoute le même art., les juges, sur la demande des parties intéressées, ordonner le sursis pour le tout. Il n'est pas nécessaire que le sursis soit réclamé par toutes les parties; dès qu'il est demandé par l'une d'elles, c'est-à-dire par le saisissant, le saisi ou un créancier inscrit, les juges doivent l'ordonner s'ils reconnaissent que la vente simultanée de tous les biens offrira plus d'avantage que des ventes partielles.

Quoique la loi ne prononce pas la peine de nullité, les règles qu'elle prescrit doivent être considérées comme essentielles, et leur omission doit emporter nullité.

La demande en distraction étant incidente, n'est pas soumise au préliminaire de conciliation. Elle peut être faite jusqu'à l'adjudication.

DROIT COMMERCIAL.

DE LA LETTRE DE CHANGE.

Des voies de recours qui compétent au porteur non payé.

Les voies de recours qui appartiennent au porteur non payé, se divisent en voies ordinaires et extraordinaires. Je vais m'occuper des voies ordinaires qui doivent seules faire l'objet de mon examen.

La justification du non paiement est la condition essentielle du droit du porteur. Cette justification, d'après la théorie générale des preuves, devrait être faite, à nouveaux frais , contre chacun de ceux avec lesquels il entrerait en discussion. Mais c'eût été se jeter dans un dédale inextricable ; aussi le bon sens commercial a-t-il imaginé un mode solennel et absolu de preuves ; c'est le protêt.

Les auteurs, raisonnant d'après les principes généraux des obligations, hésitent à admettre la nécessité du protêt pendant les délais pour faire inventaire ; quant à nous qui considérons le protêt , non comme un commencement de poursuites , mais comme un acte constatant le non paiement, nous décidons que, même pendant ces délais , le porteur est obligé de faire protester.

Le porteur peut, après le protêt faute d'acceptation, poursuivre de suite le tireur et les endosseurs (art. 120). Si ces poursuites ont eu lieu, le porteur sera-t-il obligé de faire protester à l'échéance? Il faut faire une distinction : si le porteur a obtenu un jugement , il y a eu , pour ainsi dire, novation, et le protêt n'est pas nécessaire vis-à-vis de l'engagé actionné ; mais nous ne saurions appliquer le même principe relativement aux autres engagés qui pourraient invoquer la déchéance si le protêt n'avait pas lieu; nous réfutons l'opinion contraire en soutenant que dans la lettre de change, les signataires sont tenus *in solidum* et non solidairement. Si, au contraire, il n'y a pas de jugement obtenu, s'il y a eu seulement une caution donnée, le protêt doit être fait pour toutes personnes, car le tiré qui n'a pas voulu accepter peut cependant payer à l'échéance.

Si le tiré tombe en faillite avant l'échéance , le porteur peut faire protester immédiatement. Le jugement qui interviendra perpétuera évidemment l'action contre lui, et rendra inutile le renouvellement du protêt à l'échéance ; mais vis-à-vis des coobligés, nous sommes d'avis que le protêt devra être renouvelé, pour pouvoir exercer un recours contr'eux.

Si un des engagés, autre que le tiré tombe en faillite, un des endosseurs par exemple ; ainsi, supposons qu'il y a six endosseurs et que le troisième soit en faillite, contre qui le porteur pourra-t-il exercer son recours avant l'échéance ? Sous l'empire de l'ancienne jurisprudence , on admettait qu'on pouvait, avant l'échéance, réclamer le dividende à la masse du failli, et exercer un recours contre le quatrième, le cinquième et le sixième endosseurs, parce qu'ils étaient nécessairement garants du 3me qu'ils connaissaient ; quant aux endosseurs antérieurs ils n'étaient pas tenus de garantir un endosseur qu'ils n'avaient pu connaître. D'après la nouvelle loi sur les faillites, si c'est un obligé accessoire qui tombe en faillite avant l'échéance, on peut recourir contre sa masse ; mais les endosseurs, soit antérieurs, soit postérieurs, ne peuvent être inquiétés ; si c'est un obligé principal, on peut recourir de suite contre les endosseurs (1).

Le délai pour exercer le recours est déterminé par les art. 165, 166 et 167 : il faut remarquer que le délai se calcule par rapport à chaque endosseur, de manière qu'il peut très bien arriver que le recours ait été perdu contre le premier endosseur et non contre le second. Dans ce cas, le porteur peut exercer son recours contre ce deuxième endosseur qui, à son tour, peut actionner le premier, malgré la déchéance encourue vis-à-vis du porteur ; il suit de là que le porteur lui-même peut poursuive le premier endosseur, non d'une manière directe, mais en exerçant les actions de son débiteur, le deuxième endosseur, et en subissant les exceptions et compensations opposables à ce dernier.

Pour être à l'abri de toute exception, le porteur doit, 1° faire notifier le protêt dans la quinzaine, un jour férié ne prolongerait pas le délai ; 2° citer en jugement dans les quinze jours qui suivent la date du protêt. La nécessité de la première condition est évidente, car il importe que tous les intéressés soient avertis que la traite est restée en souffrance ; quant à la seconde, nous n'en comprenons pas l'utilité, car si le porteur veut donner du temps pourquoi le législateur s'y opposerait-il ? Aussi nous ne pensons pas que le porteur soit forcé d'obtenir un jugement.

Afin d'éviter les frais, la notification et la citation peuvent être faites dans le même acte.

Dans la pratique on s'écarte de la prescription de la loi, on se contente d'envoyer la traite protestée à celui qu'on veut actionner ; cela

---

(1) Le tireur est d'abord l'obligé principal, après l'acceptation c'est le tiré.

peut être pratiquable entre négocians où tout se prouve par témoins ;
mais il est plus prudent de suivre la marche indiquée par la loi.

Le porteur qui a négligé de se conformer aux prescriptions de la
loi, conserve encore des droits ; nous allons le considérer, 1° vis-à-vis
des endosseurs , 2° vis-à-vis du tireur.

D'après les art. 168 et 169 , les endosseurs sont présumés libérés.
Cette disposition est juste , car les endosseurs n'ont pas pu s'enrichir
par la négociation. Dans l'ancienne jurisprudence , ils étaient traités
plus rigoureusement que le tireur lui même ; ils étaient obligés, comme
lui , de prouver que la provision existait à l'échéance entre les mains
du tiré , preuve bien difficile à faire puisqu'il s'agissait d'un fait qui
leur était totalement étranger.

Si, dans l'ignorance de ses droits, un endosseur avait payé sur protêt tardif , nous pensons qu'il pourrait invoquer l'action *condictio in-
debiti* , parce qu'il n'y a pas eu obligation naturelle. La jurisprudence
décide le contraire , et cette décision se justifie presque dans les espèces qui se sont présentées ; en effet, le porteur rassuré par le paiement, peut, avant que l'endosseur exerce son action, encourir des dé-
chéances et être privé de son droit de recours. Il en est de même
l'orsqu'un endosseur a promis de payer par correspondance.

Le tieur n'est pas traité d'une manière aussi favorable que les endosseurs. L'ordonnance le déclarait toujours tenu jusqu'à ce qu'il eut
payé. La loi nouvelle le déclare libéré , seulement lorsqu'il prouve que
la provision existait entre les mains du tiré au moment de l'échéance. Il
est libéré en tout ou en partie, selon qu'il prouve que la provision existait en tout ou en partie.

Si le tireur, dans la pensée que sa traite à été payée, pensée fondée
sur le silence du porteur, s'était compromis d'avantage avec le tiré,
c'est-à-dire avait accepté une lettre de change tirée par lui , il doit
obtenir sa libération vis-à-vis du porteur.

Quand la traite est domiciliée, c'est-à-dire tirée sur Paris et payable
à Rouen, il suffit au tireur de prouver que le tiré était débiteur; il serait
évidemment trop difficile de prouver l'envoi matériel de l'argent à
Rouen.

Quoiqu'il en soit, lorsque le recours est admis malgré le protêt tardif, la traite ne dégénère pas en simple promesse. Ce principe est appliqué dans tous les cas par les auteurs. Il en est un cependant où nous ne saurions l'admettre, celui de l'art 171, où le tiré renvoie la provision à un des endosseurs ; alors celui-ci n'est plus soumis aux liens du change ; son obligation est ordinaire.

Je suppose qu'un immeuble a été vendu et que le paiement a été fait au moyen d'effets de commerce payables dans un an. Pendant ce délai, l'acheteur s'aperçoit que son vendeur n'était pas propriétaire de l'immeuble et qu'il est menacé de l'éviction; l'acheteur sera-t-il admis dans ce cas à refuser le paiement au porteur de ses effets ? En raisonnant d'après les principes généraux des obligations, d'après lesquels lorsqu'une partie ne remplit pas ses engagements, l'autre est libérée, nous répondrions affirmativement. Mais d'après les principes de la lettre de change nous admettons le contraire : en effet, les divers porteurs d'une lettre de change ne sont pas tenus de contrôler les différentes conditions du contrat; cela pourrait avoir lieu tout au plus entre parties, mais à l'égard du tiers c'est impossible. Aussi la jurisprudence a décidé que le porteur n'était pas passible des exceptions résultant de l'éviction.

Les hypothèques consenties pour garantir le paiement de la traite, doivent, d'après la décision de la cour de cassation ; profiter au tiers porteur.

D'après la loi du 17 avril 1832, les divers souscripteurs d'une lettre de change sont soumis à la contrainte par corps.

DROIT ADMINISTRATIF.

*De la composition et du mode de délibération des tribunaux adminis-
tratifs.*

Pour la juridiction contentieuse administrative , il faut admettre le
même principe que pour les matières contentieuses judiciaires : *les deux
degrés.*

Au premier degré, les ministres, les préfets, les conseils de préfecture.

Au second degré, le conseil d'État.

MINISTRES.

Chaque ministre remplit les fonctions de tribunal administratif pour
les matières qui forment les attributions de son ministère.

Les ministres rendent leurs décisions contentieuses, soit directement, sur l'avis des comités du conseil d'État ou de certaines com-
missions consultatives, ou de leurs bureaux, soit après instruction
faite devant le préfet. Ces décisions peuvent être déférées directement
au conseil d'État. Elles ne peuvent être annulées que par ce tribunal
supérieur, et produisent tous les effets des jugements ordinaires.

PRÉFETS.

La juridiction contentieuse des préfets est incontestable, par la seule
raison qu'il existe des matières dans lesquelles la décision d'un préfet
ne peut être attaquée que directement par recours contentieux devant
le conseil d'État.

Les préfets statuent seuls ou en conseil de préfecture. Aucune forme
n'est prescrite pour l'instruction ni pour la décision des affaires qui leur

sont soumises. L'instruction se fait dans leurs bureaux, et ils statuent ordinairement sur le rapport de leurs employés. Il faut excepter les actes dans lesquels la loi exige la délibération préalable ou l'avis du conseil de préfecture, et qui se produisent sous la forme d'arrêtés du préfet en conseil de préfecture. Quoique le préfet soit tout à fait indépendant de l'opinion de la majorité de son son conseil, l'omission du préalable exigé par la loi, c'est-à-dire de l'avis ou délibération du conseil, vicierait l'arrêté pris par le préfet.

Le conseil de préfecture doit être composé de trois membres au moins. Si l'avis était donné par un conseil composé de deux membres et présidé par le préfet, l'avis serait valable, car le préfet compte pour compléter le conseil.

Conseils de préfecture.

Les attributions principales des conseils de préfecture consistent dans le jugement des matières contentieuses ; ils ont en outre, comme nous venons de le dire, des fonctions simplement consultatives, qui consistent à aider de leurs avis les préfets dans les matières administratives qui exigent plus de maturité dans la délibération. Dans ce dernier cas, le conseil n'a qu'un simple droit, et le préfet prend seul une décision lors même qu'il serait en opposition avec la majorité de son conseil. Dans le premier, au contraire, le conseil en corps prend des arrêtés assimilés à des jugements.

Les conseils de préfecture se composent de cinq, de quatre et de trois membres, selon l'étendue et la population des départements. Une ordonnance royale du 6 novembre 1817, motivée sur des raisons d'économie, réduisit les conseillers de préfecture à trois, dans tous les départements ; mais elle a été rapportée par une autre ordonnance du 1er août 1820.

Lorsque le préfet assiste au conseil de préfecture, il préside ; en cas de partage, il a voix prépondérante. En son absence, la présidence est exercée par le doyen de nomination des conseillers qui a comme le préfet voix prépondérante.

Les conseillers de préfecture sont nommés par le roi ; ils sont révocables comme la généralité des fonctionnaires administratifs ; ils doivent être âgés de vingt-cinq ans au moins.

Les conseils de préfecture ne peuvent prendre aucune délibération , si les membres présents ne sont au moins au nombre de trois. Le préfet, lorsqu'il assiste à la séance , compte pour compléter ce nombre.

Le préfet a quelquefois le droit de saisir le conseil de préfecture, en matière électorale par exemple ; il a également alors le droit de siéger.

Cependant, si le préfet représente l'État , il ne peut plus siéger, car il serait juge en même temps que partie intéressée , ce qui serait un cas d'annulation.

Un avis du 5 février 1826, prohibe la défense orale devant les conseils de préfecture ; il en est de même devant les préfets et les ministres, à la barre desquels les parties ne sont pas même représentées par un officier ministériel. Toutefois, les avocats aux conseils du roi et à la cour de cassation , sont quelquefois admis à présenter des observations orales sur les causes qui leur sont confiées, devant le conseil de préfecture et le préfet de la Seine , ou devant les ministres ; mais cet usage n'est maintenu que par exception ; et en principe, dans les causes soumises aux tribunaux du premier degré. Les défenses ont lieu par un mémoire signé de la partie ou d'un fondé de pouvoir muni d'une procuration spéciale, et déposé à la préfecture.

CONSEIL D'ÉTAT.

Le conseil d'État est le tribunal supérieur du second degré ; il se compose, indépendamment des ministres secrétaires d'État: 1° de conseillers d'Etat ; 2° de maîtres des requêtes ; 3° d'auditeurs ; 4° d'un secrétaire général ayant titre et rang de maître des requêtes

Le garde des sceaux est président du conseil d'État. Un conseiller d'État est nommé vice-président par le roi.

Les membres du conseil d'État sont en service ordinaire et en service extraordinaire.

Le service ordinaire se compose : 1° de trente conseiller d'État y compris le vice-président ; 2° de trente maîtres des requêtes ; 3° de quatre vingts auditeurs.

Les membres du service ordinaire prennent part aux travaux et aux délibérations de conseil d'État dans toutes les affaires administratives et contentieuses. Les fonctions du conseiller d'État et de maître des requêtes en service ordinaire sont incompatibles avec tout autre emploi administratif ou judiciaire. Ils ne peuvent être révoqués qu'en vertu d'une ordonnance spéciale et individuellement rendue par le roi sur le rapport du ministre président du conseil d'État et sur l'avis du conseil des ministres.

Le service extraordinaire se compose de ceux qui, dans les limites tracées par la loi, sont appelés par le roi à en faire partie, notamment les chefs préposés à la direction d'une branche de service dans les départements ministériels. Les membres en service extraordinaire ne peuvent prendre part aux travaux et délibérations, qu'autant qu'ils y sont autorisés par ordonnance royale. Leur nombre ne peut excéder les deux tiers du nombre des conseillers d'État en service ordinaire.

Les auditeurs au conseil d'Etat sont divisés en deux classes. La première ne peut en comprendre plus de quarante. Pour être auditeur de première classe, il faut avoir été pendant deux ans auditeur de seconde.

Avant d'entrer en fonctions, les membres du conseil prêtent, en assemblée générale, le serment prescrit par la loi du 23 août 1830.

Pour être conseiller d'Etat, il faut être âgé de trente ans révolus ; maître des requêtes, de vingt-sept ; auditeur, de vingt-un et licencié en droit.

Pour l'examen des affaires non contentieuses, le conseil d'État se divise en cinq comités, savoir : le comité de législation ; le comité de la guerre et de la marine ; le comité de l'intérieur et de l'instruction publique ; le comité du commerce, de l'agriculture et des travaux publics ; le comité des finances.

Les comités préparent les règlements d'administration publique et les ordonnances qui doivent être délibérées en conseil d'État, dans la même forme. Les ministres président les comités attachés à leur ministère ; un conseiller d'État est nommé vice-président par le garde des sceaux, et il est chargé, sous les ordres de chaque ministre, de diriger en son absence les délibérations du comité, d'en convoquer les membres, et de distribuer le travail.

Devant le conseil d'État, l'instruction se fait par la voie administrative, c'est-à-dire par écrit; l'affaire est soumise à un comité spécial d'instruction, chargé de préparer le rapport des affaires contentieuses. Ce
comité est présidé par le vice-président du conseil d'État. Ce comité
fait l'instruction des affaires non portées en séance publique , lorsqu'il
s'agit, par exemple, de prise à partie des fonctionnaires publics.

Ce comité se compose de cinq conseillers d'État en service ordinaire
y compris le vice-président, d'un certain nombre de maîtres des requêtes et d'auditeurs .

Le service extraordinaire est exclu du comité du contentieux , car
il représente plus particulièrement l'administration ; et il n'eut pas été
convenable qu'il prit part à des délibérations, dans lesquelles des intérêts privés peuvent se trouver en contradiction avec l'administration
elle-même.

Près du conseil d'État sont des avocats dits au conseil, qui remplis-
sent les fonctions des avoués près les tribunaux et les cours royales. Ils
doivent signer tous mémoires, défenses et productions; leur signature
au pied de la requête, soit en demande, soit en défense, vaut constitu-
tion et élection de domicile chez eux. Sous le rapport du mandat *ad
litem*, leur position étant la même que celle des avoués, ils sont, comme eux, sujets à désaveu.

Trois maîtres des requêtes en service ordinaire sont désignés tous
les six mois par le garde des sceaux , pour remplir les fonctions de
commissaire du roi. Ils assistent aux séances du comité du contentieux;
ils prennent communication des pièces déposées au secrétariat et prennent la parole quand l'instruction par écrit est terminée.

Les affaires contentieuses sont rapportées au conseil d'État en assemblée générale et en séance publique. Les conseillers d'État et maîtres des requêtes en service, siégent seuls; les auditeurs y sont admis.

Les maîtres des requêtes ont voix délibérative au comité et au conseil d'État dans les affaires dont ils font le rapport; ils ont voix con-
sultative dans toutes les autres,

Quant aux auditeurs, ils ont voix délibérative au comité et consulta-
tive au conseil d'état, dans les affaires qu'ils rapportent.

Après les rapports, les avocats des parties peuvent présenter des observations orales. Ces observations ne sont pas des plaidoiries. Les avocats doivent accepter l'affaire dans l'état offert par le rapport. Ces observations doivent être courtes et substantielles.

Le commissaire du roi donne son avis.

Le conseil d'État ne peut délibérer si, non compris le garde des sceaux, quinze au moins de ses membres ayant voix délibérative, ne sont présents. Si les membres présents sont en nombre pair, le plus ancien des maîtres des requêtes attaché au comité qui a préparé l'instruction de l'affaire en délibération, est appelé avec voix délibérative.

Les membres du conseil qui n'ont pas entendu le rapport, les observations des avocats et l'avis du commissaire du roi, ne peuvent prendre part à la délibération.

Ils ne peuvent pas participer aux délibérations relatives aux recours dirigés contre une décision d'un ministre, lorsque cette décision a été préparée par une délibération du comité à laquelle ils ont pris part.

Les membres du conseil d'État sont soumis à la récusation.

L'avis du conseil d'État est transcrit sur le procès-verbal des délibérations, lequel fait mention des membres présents et ayant délibéré. L'ordonnance qui intervient est contre-signée par le garde des sceaux. Dans tous les cas, elle est lue en séance publique. Si l'ordonnance qui intervient n'est pas conforme à l'avis du conseil d'État, elle est valable pourvu qu'elle soit rendue de l'avis du conseil des ministres et qu'elle soit insérée au *Moniteur* et au *Bulletin des Lois*.

Ainsi, le conseil d'État, à proprement parler, ne fait pas d'ordonnances, il ne fait que les préparer. Ses décisions sont soumises à la signature du roi. Il n'y a pas d'exemple que le roi ait refusé sa signature à un projet d'ordonnance préparé au conseil d'État..

Le procès-verbal des séances mentionne l'accomplissement des dispositions dont nous venons de parler. Si ces dispositions n'ont pas été observées, l'ordonnance du roi peut être l'objet d'un recours en révision, qui est introduit de la même manière que l'opposition à une décision par défaut.

Le délibéré ne suit pas immédiatement la plaidoirie de l'avocat. La lecture de l'ordonnance qui suit le délibéré est faite à la séance suivante.

Vu par le président de la Thèse,

DUFOUR.

Cette Thèse sera soutenue le 7 Août 1846, devant la faculté de droit de Toulouse.

Typographie de **Lagarrigue**, rue des Balances, 47 à Toulouse.